AF243357

LES
QUATRE VÉRITÉS

DES

RICHES ET DES PAUVRES

PAR

UN VÉRITABLE AMI

p. L. C. S. d. d. R. B. f. s. S. C.

LYON

IMPRIMERIE ET LIBRAIRIE VITTE ET PERRUSSEL

30, RUE CONDÉ ET PLACE BELLECOUR, 3

1887

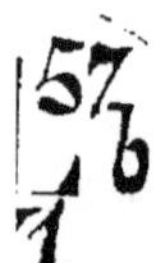

LES

QUATRE VÉRITÉS

DES

RICHES ET DES PAUVRES

PAR

UN VÉRITABLE AMI

p. L. C. S. d. d. R. B. f. s. S. C.

LYON

IMPRIMERIE ET LIBRAIRIE VITTE ET PERRUSSEL

30, RUE CONDÉ ET PLACE BELLECOUR, 3

—

1887

LES

QUATRE VÉRITÉS

DES

RICHES ET DES PAUVRES

Il a quelque temps, un de ces écrivains d'élite qui consacrent volontiers leur plume vaillante à la défense des principes conservateurs et des intérêts religieux, faisait paraître un livre qui a eu un grand succès et un retentissement douloureux dans un certain monde financier — j'ai nommé M. Drumont et sa *France juive*. M. Drumont est un écrivain qui occupe avec honneur une place distinguée dans la presse catholique et dans le monde littéraire.

Sa *France juive*, remarquable par son actualité, est écrite avec élégance et clarté ; elle saisit et enlève le lecteur, pour lui faire toucher du doigt la plaie hideuse qui ronge le monde financier. — Ce livre, tout en frappant juste et fort, met à nu les agissements véreux, les tripotages, les turpitudes et les bassesses que peut engendrer en plein 19ᵉ siècle la soif dévorante de l'or.

En le parcourant avec un intérêt croissant, plusieurs fois mon admiration a fait place à un soupir et à cette exclamation du cœur : hélas ! il y a en-core dans notre pauvre France d'autres maladies morales ; pourquoi une voix autorisée comme celle de M. Drumont, ne s'élève-t-elle pas pour les faire connaître et pour les traiter à fond, sans oublier toutefois d'indiquer les remèdes qui doivent les guérir ?

Malheureusement, il arrive pour la France ce qui arrive assez souvent pour un malade ; le médecin est mandé, il arrive et examine plus ou moins attentivement son malade, puis, à propos de la maladie, dont il n'a peut-être pas bien saisi la nuance, il parle de différents remèdes, et se livre à perte de vue à une discussion scientifique et théorique sur la maladie en général ; enfin il tourne les talons en disant : Au revoir, mon cher malade — c'est le côté pratique... pour lui. Après son départ, on se demande avec anxiété ce qu'il a dit et ce qu'il faut faire — on est presque plus embarrassé qu'auparavant. — Ainsi il arrive pour la France : les journaux et les hommes conservateurs parlent avec éloquence et avec un certain éclat des maladies qui la rongent et la menacent dans son existence ; mais, comme je l'ai dit à propos du médecin, on reste dans des considérations générales et on néglige d'entrer dans le vif du mal. Le diagnostic se faisant superficiellement, les remèdes sont indiqués trop vaguement ; par suite, le côté pratique est laissé, au détriment du pauvre malade, et la maladie continue sur lui son action délétère. Rien de bien étonnant, je l'ai indiqué plus haut : indépendamment d'une maladie générale qui affecte une nation, il se rencontre souvent des nuances partiéulières et locales, nuances qu'il est très difficile de saisir et qui demandent aussi des remèdes tout particuliers. La grande maladie morale qui aujourd'hui éprouve la France, c'est l'indifférence, c'est la lâcheté de nos populations catholiques, surtout en matière civile et religieuse ; cette maladie, considérée en général, affecte plus ou moins certains départements ; mais je déclare, sans ménagement comme sans pitié, et avec une franchise toute militaire, qu'elle affecte gravement le département de l'Ardèche. Pour s'en convaincre, il suffit d'ouvrir les yeux et d'écouter la voix de la raison. Rien d'éloquent et de brutal comme les faits et les chiffres.

Notre département compte 380,000 habitants, qui se répartissent ainsi, d'après les données officielles : 344,000 catholiques et 36,000 protestants. Il est évident, d'après cet exposé exact, que l'immense majorité des habitants de l'Ardèche est catholique. Cependant, si un étranger voyageant en touriste dans notre pays, s'informait, par curiosité ou pour tout autre motif, de ce qui se passe dans notre département et dans les différentes branches de l'administration civile ; s'il demandait quels sont les hommes qui occupent les sinécures, les emplois et les places de sénateurs, de députés, de conseillers généraux, de conseillers d'arrondissement, de maires, voir même de gardes champêtre et de cantonniers, on serait obligé de lui répondre, non sans quelque amertume, que les places et les emplois sont occupés en grande majorité par des protestants. Alors cet étranger dirait, tout naturellement et logiquement, que la majorité des habitants de l'Ardèche doit être protestante, et il aurait parfaitement raison. Bien grand serait son étonnement d'apprendre qu'il est dans l'erreur. Alors, en homme sérieux et observateur, il ajouterait : Mais, dans ce cas, vous êtes de bien mauvais catholiques ! Car il est dans l'ordre et il convient qu'un catholique, au grand jour des élections, donne la préférence á un catholique, et s'il ne le fait pas par religion, il doit le faire par cet amour-propre, bien légitime, qui nous commande de soutenir notre parti et notre drapeau. Le raisonnement de cet étranger serait très juste. Néanmoins je tiens á protester tout de suite contre cette épithète de mauvais catholiques ; je tiens à dire bien haut que la majorité de nos populations est bonne et religieuse. Le magnifique et touchant spectacle donné pendant cette année jubilaire, dans toutes nos paroisses, le prouve péremptoirement ? Seulement, que voulez-vous ? il y a dans la vie des nations, comme des individus, des moments marqués par un aveuglement et une inconséquence de conduite incroyables. De même que, dans le monde physique, il y a des perturbations atmosphériques qui déroutent l'astronome le plus savant, il y a aussi parfois, dans le monde moral, des perturbations et des aberrations qui déroutent également le politique le mieux pensant. Tenez, laissez-moi profiter de cette occasion pour donner ici une explication qui sera, je crois, pour le plus grand nombre, une petite justification. L'ouvrier, le paysan, comme le riche, sont nés pour un bonheur relatif dans ce monde ; or, les députés qui les ont si indignement trompés et bernés, leur promettaient, avant leur élection, tous les bonheurs et toutes les libertés, surtout pour le mal. Que voulez-vous ? quand on est malheureux, il est bien permis de croire une fois à des promesses si séduisantes. Mais, comme le disait dernièrement devant moi le fermier de mon voisin, une fois, deux fois passent, une troisième fois, jamais ; il ajoutait avec une petite malice, et encore la seconde fois, c'est-à-dire dans les élections de l'année dernière, ce sont les conservateurs qui ont été vainqueurs sur toute la ligne. La réaction commençait joliment à s'accentuer ; car, malgré une pression des plus scandaleuses, sans parler du reste, nos députés avaient une majorité incontestable ; néanmoins la Chambre, selon ses habitudes et toujours pour les besoins de sa cause, a fait primer la force sur le droit, en invalidant nos véritables et légitimes mandataires.

Tout le monde sait que, dans l'Ardèche, cette invalidation a été suivie de manœuvres électorales aussi déloyales que lâches, afin d'égarer l'opinion. N'en parlons plus — ce souvenir soulève mon cœur d'indignation, — mais, en temps voulu, nous nous rappellerons et agirons en conséquence. Le langage énergique de ce fermier est bien certainement l'écho fidèle de celui qui se tient aujourd'hui dans les villes comme dans les campagnes : le mécontentement grandit et gagne toutes les classes de la société, excepté, bien entendu, ceux qui occupent les places et broutent avec avidité, et sans s'inquiéter du lendemain, au grand râtelier du gouvernement. Ces pauvres diables sont, la plupart, des médecins, des avocats, des vétérinaires et des marchands de vin sans clientèle ; ils sont arrivés au pouvoir, hélas ! la panse et les poches vides, et maintenant ils s'efforcent, tout naturellement, d'en profiter, et de les remplir, toujours au détriment des contribuables et de leurs naïfs électeurs. Mais qu'arrivent de nouvelles élections, et nos braves ouvriers comme nos honnêtes paysans, diront carrément à tous ces jacobins, harpagons et bateleurs *ejusdem farinæ* : fichez-moi le camp, place aux hommes sérieux et catholiques, nous en avons assez de vos sornettes et de vos palinodies ! Vous aviez dit à l'habitant des villes : L'impôt indirect va diminuer, et à l'habitant des campagnes. L'impôt foncier diminuera forcément, — et tous ces impôts augmentent. Le commerce, l'industrie et l'agriculture devaient, sous votre parole et impulsion puissante, marcher sur quatre roues ; hélas ! tout végète, languit et souffre. On vit péniblement au jour le jour. Une fois députés, vous devenez opportunistes par intérêt et temporisateurs par calcul ; vous gardez à la Chambre un mutisme complet, et vous ne donnez signe de vie que lorsqu'il s'agit de voter quelque loi néfaste pour la religion ou pour la famille. En un mot, vous deviez travailler pour la France et pour nous, et vous ne travaillez que pour vous. Encore une fois, place aux honnêtes gens ! Tel est le cri immense qui s'élèvera bientôt de tous les départements. Oui, il est certain qu'aux prochaines élections, les ouvriers comme les paysans se rappelleront qu'ils sont avant tout catholiques ; ils se rappelleront encore que le temps de leur jeter de la poussière aux yeux, pour leur faire prendre des vessies pour des lanternes, est passé ,et qu'enfin, quand on a de l'argent ou quelque chose de précieux à confier, il faut chercher de braves gens et non pas de la canaille. J'ai dit plus haut que notre département de l'Ardèche était tout particuliérement atteint de cette maladie générale que nous appelons l'indifférence religieuse.

Comptant sur la bienveillance de mes lecteurs qui apprécieront mes bonnes intentions, je prends la liberté de m'improviser médecin, seulement pour quelques instants. Je vais en profiter pour donner humblement quelques remèdes particuliers, tout en invitant les grands docteurs à parler aussi, et surtout à agir en temps et lieu. Leur voix autorisée et leur compétence pourront plus facilement triompher des hésitations que j'aurai provoquées, et alors leur main habile et sûre donnera le dernier coup de scalpel qui doit déraciner et guérir la maladie. Dans cette vie, et surtout dans les moments critiques, ne faut-il pas se prêter un mutuel secours ? Il arrive parfois, dans certains cas graves, que le meilleur conseil est donné, non par ces hommes de science qui planent sur les hauteurs et se perdent dans les nues, mais par un homme ordinaire et d'un sens pratique. Cette considération m'encourage à porter ma petite pierre près de l'édifice social, et, si vous me le permettez, à emboucher la trompette guerrière, non encore pour sonner la charge et le combat, mais seulement pour réveiller nos populations catholiques, et les faire sortir d'une léthargie qui tend tous les jours à devenir mortelle.

Que chacun, du reste, en fasse autant; alors la lumière et la réaction se feront plus vite et sur une plus vaste échelle. Alors cette lumière et cette réaction annonceront le réveil de tout ce qui est honnête et bien pensant, et ce grand réveil sera enfin la résurrection morale de la France. C'est l'espérance de votre serviteur qui, avant de parler vigoureusement et tout particulièrement de son malade, vous demande la permission de vous faire sa petite confession politique. Croyant à la possibilité d'une République honnête, libérale et conservatrice, longtemps j'ai été un franc et loyal républicain ; longtemps, à l'exemple de MM. Thiers, Rampon et Rouveure j'ai servi le gouvernement, et toujours avec l'espérance qu'il deviendrait meilleur.

Mon espérance a été bien trompée, et mes dernières illusions se sont bien évanouies. Quel triste spectacle, en effet, présente aujourd'hui le gouvernement, et quels déplorables événements se déroulent sous nos yeux, surtout depuis quelques années! Après avoir attaqué successivement, et avec des armes toutes machiavéliques, la religion, la famille, la société, l'armée et toutes nos vieilles gloires nationales, maintenant qu'il se sent encouragé par l'audace des uns et par la lâcheté des autres, il attaque de front et au grand jour les dernières assises de ce que nous avons de plus respectable et de plus sacré. Il n'est pas rare de le voir fouler aux pieds de glorieuses traditions, et aussi faire litière de quelques droits acquis et consacrés par les siècles. Il est visible que le gouvernement se propose, par ses lois iniques, d'arracher du sein des masses le respect de l'autorité; du sanctuaire de la famille, l'honneur; et du cœur de l'enfant ces sentiments religieux reçus au berceau par une mère tendre et dévouée. Plus nous marchons, et plus grandissent et s'affichent ces projets et systèmes de persécution qui traitent les catholiques en parias et les mettent brutalement hors la loi.

Il fut un temps où la persécution était cachée, aujourd'hui elle est ouverte et nettement déclarée; et cependant, voyez autour de vous le propriétaire et le fermier, l'industriel et l'ouvrier, le noble et l'artisan, enfin le riche et le pauvre; partout vous rencontrez une somnolence générale, partout on se familiarise avec le mal et on s'incline négligemment devant les faits accomplis. Sans doute, les hommes de caractère et d'énergie, vraiment catholiques et Français, sont profondément écœurés de voir que toutes les attaques et toutes les humiliations que nos adversaires politiques et religieux nous jettent souvent à la figure, nous laissent froids et indifférents. Mais que faire pour sortir d'une apathie si funeste à tous nos intérêts? Quelle arme brandir et quel moyen prendre, grand Dieu! pour faire rougir nos fronts catholiques et provoquer chez nous cette indignation et ces légitimes protestations qui attestent au moins, à défaut d'autres résultats, notre amour pour la religion et pour la patrie? Que dirions-nous d'un soldat qui resterait froid et insensible aux insultes à son drapeau? Nous dirions, ou du moins nous penserions que c'est un lâche. Hélas ! n'est-ce pas ce qui arrive aux pauvres catholiques qui sont persécutés et tondus parce qu'ils savent trop bien et trop souvent se poser en agneaux et en victimes?

Ce qu'il faut faire, cher lecteur, laissez-moi vous le dire avec confiance, il faut faire comme moi : j'étais un républicain honnête, je suis devenu un chaud conservateur et un ardent catholique; il faut que chacun de nous, dans sa petite sphère; travaille avec une charité douce et toute fraternelle à propager les idées conservatrices, et à exercer une influence salutaire sur ses parents, amis et voisins.

En un mot, il faut partout cette action militante qui prépare, dans un avenir prochain, le combat et la victoire.

Les hommes néfastes qui nous gouvernent sont sans considération et sans prestige devant la France et devant l'étranger, ils vivent d'expédients et de compromis. Bientôt ces expédients, semblables à l'arme qui se trouve dans les mains d'un enfant, se tourneront contre eux, et, la rage dans le cœur, ils seront forcés de recourir à la dissolution. Oui, bientôt la France, notre patrie, toute meurtrie, ruinée et peut-être sanglante, nous fera entendre sa voix pour nous appeler au combat, et la religion nous dira qu'il serait indigne et lâche d'hésiter entre le bien et le mal, entre l'ordre et le désordre, entre l'anarchie et la prospérité, enfin entre une marâtre qui exploite froidement l'âge et l'ignorance de ses enfants pour les leurrer et s'enrichir, et une véritable mère qui ne sait qu'aimer, pardonner et se dévouer. Cet appel de la France et de la religion sera entendu et compris; il aura un grand retentissement dans tous les cœurs honnêtes; et puisque le Bulletin sera, probablement dans peu de temps, la seule arme légale qui puisse se trouver dans nos mains, servons-nous-en avec courage et entente, non sans jeter un regard de tristesse sur des adversaires égarés qui sont peut-être des parents et des amis.

Si cette arme est, comme généralement par le passé, négligée et abandonnée, elle se tournera bien vite contre nous pour frapper au cœur la France malade et agrandir la plaie sociale qui depuis trop longtemps fait souffrir les âmes droites et fortement trempées.

Plus de ces hésitations indignes, de ces compromis et de ces lâchetés sans nom qui favorisent toujours les calculs sataniques de nos ennemis.

La grande question qui va s'imposer avec la

dissolution est une question de la dernière importance pour la religion, la famille et la société : c'est une question de vie ou de mort. Il ne faut pas l'oublier, et, au grand jour des élections, écrivons sur les plis glorieux de notre drapeau ces mots magiques : religion et patrie — vaincre ou mourir. Puisse Dieu nous prendre bientôt en pitié, et dans sa miséricorde arrêter le flot révolutionnaire qui monte et devient plus menaçant! Puisse-t-il refouler ces noirs nuages qui s'amoncellent à l'horizon, et enfin faire passer sur l'Ardèche et sur la France entière un souffle de patriotisme et de liberté!

S'il se rencontrait encore des hommes assez naïfs pour douter des malheurs qui nous menacent à l'intérieur comme à l'extérieur, je leur dirais, avec toute l'énergie d'une âme souffrante et indignée : Ouvrez donc les yeux, vous verrez encore dans le lointain la fumée des maisons qui ont sauté le jour du premier essai de la dynamite ; prêtez l'oreille, vous entendrez le cliquetis des armes qui se fourbissent dans l'ombre ; vous entendrez encore les clameurs sauvages qui retentissent dans certains clubs de nos grandes villes, afin de pousser les malheureux, les déshérités, à envahir cyniquement nos demeures, tout en promenant le fer et le feu.

Ces cliquetis sinistres et ces chants de victoire seront un jour un reproche amer à notre lâcheté, et ils auront un retentissement cruel dans nos cœurs.

Les journées sanglantes de Decazeville et de Châteauvilain, les explosions de Dijon et de Lyon sont cependant une menace et un avertissement qu'il ne faudrait pas dédaigner. Je ne dirai rien, par prudence, de l'extérieur : tout le monde connaît les dangers qui nous menacent, et aussi les ennemis qui nous regardent, n'attendant qu'un faux mouvement de notre part pour s'élancer sur nous et nous déchirer.

Ce tableau, aux couleurs sombres mais trop réelles, a pour but de nous faire comprendre que tous nos biens, notre religion, notre corps, notre âme, nos demeures et notre grandeur nationale sont terriblement exposés, et aussi de faire disparaître enfin une certaine bonne foi et un aveuglement qui maintenant ne peuvent plus se comprendre ni s'expliquer.

Ces jours de malheur que j'entrevois en soulevant un coin du voile qui nous cache l'avenir arriveront logiquement et forcément ; l'histoire et la moindre expérience des hommes nous apprennent que toujours les mêmes causes produisent les mêmes effets.

Depuis trop longtemps la passion du mal est encouragée et les bas-fonds de la société surexcités ; depuis trop longtemps la haine, la jalousie et les convoitises du peuple sont entretenues par un enseignement et par des exemples qui partent de haut.

Cependant, pour qu'on ne m'accuse pas d'être un mauvais prophète, je me hâte d'ajouter que ces temps de malheur et de tourmente révolutionnaire, dont je parle bien à regret, peuvent être évités si notre retour au bien est fortement prononcé, et si nous remportons, aux élections législatives, une de ces victoires éclatantes qui jettent le désarroi dans le camp de nos ennemis et les obligent à aller cacher dans une retraite précipitée leur honte et leur défaite écrasante. Dans cet espoir fondé, je vais signaler les causes de cette maladie générale que j'ai déjà nommée : la lâcheté des catholiques.

Ces causes qui, à mon humble avis, préparent la décadence et la déchristianisation de la France, sont au nombre de trois. La première revient par droit de conquête au gouvernement, la deuxième aux riches, et la troisième aux pauvres. Un gouvernement devrait toujours s'inspirer et agir d'après les vues et les intentions de son fondateur qui est Dieu.

Or, ces vues et ces intentions de Dieu, d'après les grands législateurs et théologiens, sont : le bonheur moral et matériel des peuples. Ce principe est certes incontestable.

Voyons comment il a été appliqué.

Tout le monde sait que le gouvernement promettait sur tous les tons, il y a quinze ans, de le mettre en pratique. Tout le monde sait aussi que le contraire est justement arrivé. Ces messieurs les députés et les sénateurs emploient leur temps à user des ministères, à traiter des questions insignifiantes et stériles, qui parfois passionnent l'opinion, mais n'amènent aucun résultat sérieux et pratique.

Les questions qui pourraient donner de la vie et un nouvel élan au commerce comme à l'agriculture sont systématiquement écartées, ainsi que tous les éléments de prospérité ; par contre, les motions sans importance et les éléments de mort sont discutés aujourd'hui, demain, et longtemps. Aussi le malaise devient-il plus général, et la confiance, cette âme des affaires, disparaît-elle tous les jours de plus en plus.

Voilà seulement du côté matériel ; hélas ! le côté moral est encore plus triste et déplorable. Après avoir battu en brèche, au temps de ses agissements ténébreux, l'enseignement religieux, sans doute parce qu'il apprend à l'homme ses grandes destinées et ses devoirs comme citoyen de la terre, et surtout comme futur citoyen du ciel, aujourd'hui le gouvernement, profitant d'une majorité éphémère et voulant se faire une popularité malsaine, s'efforce, par de prétendus moyens légaux, de substituer à l'enseignement religieux un enseignement athée laïque, officiel et obligatoire. Cet enseignement, doublé des fameux devoirs civiques, apprend à la jeunesse à lire, à écrire, à marcher au pas et à faire un tour de gymnastique, en un mot. à bien s'amuser et à chanter.

Si encore cet enseignement se bornait là ! mais allons plus loin, et nous constaterons avec tristesse qu'il lui apprend d'une manière plus ou moins ostensible qu'il n'y a plus rien au delà de la tombe, ni Dieu, ni ciel, ni enfer, par conséquent pas de récompense, mais pas de châtiment.

En général, cher lecteur, on apprécie la bonté et la moralité d'une loi par ses conséquences bonnes ou mauvaises pour la société ; or, cette loi de l'enseignement ne date que d'hier, et cependant déjà elle est désastreuse dans ses conséquences pour la famille et pour la société. Le grand principe d'autorité disparaît, les grands devoirs sont négligés, et les grands liens qui unissent l'homme à son Dieu et à ses semblables se brisent de plus en plus.

Tous les jours les journaux relatent des parricides et des suicides d'enfants, crimes inconnus ou bien rares autrefois ; rien, en somme, de bien étonnant : toujours l'impunité a favorisé le crime ; or, une certaine impunité, au moins pour l'autre vie, est assurée par le nouvel enseignement à l'enfant malheureux qui commet un crime.

L'enseignement religieux apprend à l'homme à aimer son Dieu, sa patrie, ses parents et ses semblables. L'enseignement religieux inspire encore à l'homme ces grands dévouements, ces actes sublimes et héroïques d'abnégation que nous admirons tantôt dans les hôpitaux et tantôt sur les champs de bataille. Voilà son crime !

Pourquoi donc le traiter comme un chancre que l'on s'efforce d'extirper d'un corps sain ? Et pourquoi lui faire une guerre incessante ?

La première cause de cette maladie que j'ai appelée indifférence religieuse, indifférence qui prépare fatalement la décadence et la déchristianisation de la France, vient donc de ce que le gouvernement républicain a oublié sa fin, sa mission : au lieu de faire des lois qui favorisent les bonnes libertés, la religion, le travail, la prospérité et le bonheur des peuples, il fait des lois subversives de tout bien-être moral et matériel, et en attaquant *per fas* et *nefas* la réligion catholique, qui est celle de l'immense majorité des Français, il jette par la France des brandons de discorde civile et religieuse.

La deuxième cause vient des riches, je comprends dans ce mot, non seulement les nobles et les rentiers, mais encore les industriels, les commerçants et les grands propriétaires.

Les riches devraient être la classe dirigeante ; mais pour être la classe dirigeante, il faudrait être les amis de Dieu et les amis de ses semblables ; or, à part de très rares et très honorables exceptions, les riches, en général, ne sont les amis, ni de Dieu, ni de leurs semblables : de Dieu d'abord, il est malheureusement trop facile de le constater. Le dimanche, les fêtes d'obligation, les jours de mission ou de réunions de piété, voyez les riches, étudiez, non pas leur vie privée, elle est sacrée, mais seulement cette vie religieuse qui appartient au domaine public : vous apprendrez avec un étonnement toujours nouveau, qu'en général ils brillent par leur absence, dans les jours de fêtes qui ne sont pas obligatoires.

Pour ce qui regarde le dimanche, ils ne désertent pas tout à fait l'église, mais ils se contentent de faire acte de présence en choisissant ordinairement la messe la plus courte. Et quelle messe et quelle prière, grand Dieu ! On promène ses regards de droite et de gauche, on consulte parfois sa montre, et la messe n'est pas terminée que déjà on est loin. Rien de bien étonnant; on vient d'assister à une pénible corvée. Permettez, riches et puissants, que je vous demande pourquoi il vous est si dur de vous arracher à vos joies et à votre repos habituel, quand il s'agit de donner à Dieu un morceau de ce temps que vous gaspillez pour vos plaisirs; pourquoi encore vous ne craignez pas de vous exposer la nuit à vous briser l'omoplate, le sternum, le tibia, voire même le crâne, pour aller assister à une soirée, à une fête mondaine; et pourquoi enfin vous craignez tant, le jour, d'aller assister aux vêpres, à une instruction et bénédiction du T. S. Sacrement. Hélas! la réponse est un peu pénible, mais facile à faire. C'est le sentiment religieux qui manque.

Ajoutons, toujours avec la même franchise, que le devoir pascal, la charité chrétienne et le bon exemple marchent à l'unisson de la messe, et il nous sera facile aussi de conclure que le bagage religieux des riches est malheureusement bien petit. Quelles fâcheuses et déplorables conséquences pour les pauvres!

Les riches cependant devraient savoir, et ne jamais oublier, que rien n'est persuasif et entraînant comme l'exemple, en bien comme en mal.

Si les paroles et les exemples des riches sont bons, les personnes qui les entourent font le bien. Si, au contraire, leurs paroles et leurs exemples sont mau-

vais, ces personnes font le mal : c'est une conséquence de la pauvre humanité de subir l'influence
du voisin ; voilà pourquoi Bossuet a dit quelque part
que l'exemple était la prédication la plus éloquente.

Mais si, d'une part, il y a, chez les riches, un
dégoût marqué et une insouciance visible pour tout
ce qui tient à Dieu et à leurs devoirs religieux, il
y a, d'autre part, une passion, une vraie fureur pour
les plaisirs et les fêtes mondaines.

Autrefois on se contentait du jour pour s'amuser
et jouir ; maintenant on prend la nuit. Autrefois la
nuit était le temps du repos et du silence ; maintenant la nuit est le temps du tapage et des amu-
sements effrénés, seulement, bien entendu, pour ces
messieurs. N'est-ce pas une grande aberration ?
N'est-ce pas le monde renversé ? Et pour faciliter ces
plaisirs, au lieu de dîner à midi, comme dans le bon
et vieux temps, on dîne à 7 heures du soir, par
suite après le coucher du soleil, au moment où l'ombre s'allonge au loin dans la plaine ; le peuple voit ou
entend passer presque chaque jour les coursiers
fougueux qui dévorent l'espace et brûlent le pavé ; il
voit et entend passer ces brillants équipages, qui
renferment dans leur intérieur poudreux de magnifiques et, souvent, de trop légères toilettes, et en les
voyant passer il ronge son frein ; sa haine, sa jalousie
et ses convoitises grandissent, et il se dit tout bas :
Ah ! quand viendra donc la revendication sociale ?

Où vont ces coursiers et ces équipages qui traversent nos rues et nos places à fond de train ? Ils vont

dans ces châteaux, dans ces splendides maisons de ville ou de campagne où scintillent déjà cent lumières, et où les parfums et les mets les plus exquis répandent les plus suaves odeurs. C'est là que l'on doit s'amuser, rire et danser; dans quel temps, grand Dieu! dans un temps solennel et critique, où l'avenir devient plus sombre, où la révolution commence à faire entendre des grondements sinistres; enfin, dans un temps où le sol que vous foulez d'un pied léger, peut devenir un volcan ou bien s'effondrer comme naguère dans certains pays du midi, et faire de nombreuses victimes.

Depuis longtemps, disent les riches, ces menaces retentissent à nos oreilles, et nous les regardons comme l'expression éphémère d'une sourde irritation qui ne se traduira jamais par des voies de fait.

Permettez, ici encore, que je vous dise que vous êtes dans l'erreur; l'armée du désordre devient tous les jours plus puissante et mieux organisée; plus le jour des vengeances sera différé, et plus il sera terrible. Du reste, si vous croyez que je suis un alarmiste, lisez les mandements de nos illustres évêques, lisez les discours de MM. Chesnelong, Keller, de Mun, des rédacteurs de nos journaux catholiques : leur langage, autrement éloquent et autorisé que le mien, exprime des craintes peut-être encore plus grandes.

Avant de continuer ce sujet plus ou moins intéressant pour les riches, laissez-moi, je vous prie, ajouter un mot sur l'exemple, qui, à mon avis, est un point capital. J'ai remarqué qu'en général, ce sont les riches qui donnent l'impulsion et la direction religieuse dans les paroisses. Quand cette direction est bonne, la paroisse est bonne; quand cette direction est mauvaise, la paroisse est mauvaise. Si le peuple voit les riches sanctifier le dimanche et remplir leurs devoirs religieux avec empressement et piété, il se sent tout naturellement porté à suivre ce bon exemple et ce saint entraînement. Dans l'église, sa foi, réchauffée au pieux contact de celle du riche, se ranime et se fortifie; là, sous le regard paternel du Dieu de miséricorde, et dans cette atmosphère toute pieuse et embaumée par la prière, les sentiments d'estime et de sympathie réciproques se cimentent et grandissent. Là c'est la famille et la véritable fraternité. L'office terminé, riches et pauvres se retirent, non sans échanger un salut gracieux et tout cordial; ils sont contents et heureux, les uns comme les autres; ils se sentent plus forts pour les combats de la vie; ce n'est pas étonnant, ils viennent de nourrir leur âme et de demander au Dieu de toute consolation assistance et secours. Si, au contraire, les riches affichent dans leur paroisse respective, je ne dirai pas l'impiété, mais une grande indifférence et une certaine irréligion, ce courant irréligieux se communique au peuple encore plus facilement qu'une maladie contagieuse; bientôt le doute entre dans son cœur, sa foi diminue ainsi que ses devoirs religieux. Moins retenu que le riche par des considérations de respect humain et de décorum, il finit par déserter l'église et tout abandonner. Voilà ce qui arrive autour de nous ; nous en avons été les tristes témoins.

Mais non seulement le mauvais exemple porte un coup de mort à la foi des personnes qui nous entourent ; souvent, une fois lancées sur la route du mal, ces personnes deviennent les ennemis de cette religion qui a fait le bonheur de leurs pères. Ici encore les preuves abondent ; nous en avons sous les yeux... Celui qui n'est pas pour moi est contre moi, a dit la Vérité éternelle.

L'intérêt que je porte aux riches m'encourage à leur demander s'ils ne se rendent jamais compte des conséquences fâcheuses de leur mauvais exemple, et s'ils ne comprennent pas qu'en abandonnant la religion, ils travaillent pour la république et contre eux. Pour la république, puisqu'ils favorisent par leur indifférence ces projets et ces lois impies qui présentent le cléricalisme comme l'ennemi. Contre eux, parce qu'en mettant de côté la religion et ses grands enseignements, ils préparent le renversement de cette digue puissante qui sait calmer les bouillonnements et les flots des passions populaires. C'est cependant facile à comprendre.

Permettez, cher et bienveillant lecteur, une petite digression, sans nous éloigner du sujet qui nous occupe.

Un jour, dans le courant de l'année dernière, j'assistais, dans une de nos villes du département, à l'enterrement d'une jeune personne qui ne comptait que seize printemps et qui appartenait à une grande famille. Les parents, les amis, les richards de la ville assistaient à cet enterrement. La conduite de ces messieurs fut correcte, mais pas assez recueillie et religieuse.

Après la messe, et dans le parcours suivi par le cortège, plusieurs assistants disparurent, pressés de retourner à leurs affaires, mais plus pressés encore de chasser l'idée importune de la mort. Et, cependant, quelle pensée plus saisissante et plus salutaire pour le riche comme pour le pauvre ! Arrivé au champ du repos, je fis un petit tour pour contempler ces magnifiques tombes surmontées d'une jolie croix, qui montre aux combattants le ciel, et qui leur rappelle que l'adieu fait aux parents, aux amis, n'est pas éternel, et qu'il y aura un jour un revoir dans un monde meilleur. Sur une épitaphe je lus ces paroles touchantes :

> Et rose, elle a vécu ce que vivent les roses,
> L'espace d'un matin !

et, sur une autre, cette inscription qui invite les passants à ne pas oublier la grande égalité de toutes les conditions devant Dieu :

> Le pauvre, en sa cabane où le chaume le couvre,
> Est sujet à ses lois,
> Et la garde qui veille aux barrières du Louvre
> N'en défend pas nos rois.
> *Mors æquo pulsat pede pauperum tabernas*
> *Regumque turres.*

Il n'y avait pas cinq minutes que je me promenais
que déjà j'étais seul : je me retirai en silence et peu
édifié — je voudrais que les riches sachent toujours
mettre le respect humain sous les pieds et aussi toujours remplir vaillamment tous leurs devoirs religieux. — N'éprouveraient-ils pas une grande consolation de pouvoir dire : Je mets en pratique ce vieil
adage de nos pères : fais ce que dois et advienne que
pourra? Ne seraient-ils pas heureux de pouvoir, la
main sur la conscience, dire fièrement, comme le
poète dans *Athalie :*

Je crains Dieu, cher Abner, et n'ai pas d'autre crainte.

Et puis, voyons, est-ce que noblesse de nom et de
religion n'oblige pas ?...

Les riches ne sont donc pas, malheureusement, les
amis de Dieu ; j'ajoute : ni de leurs semblables. Les
riches traversent généralement les foules comme
une étoile filante traverse un beau ciel du soir. Si
parfois ils donnent, du haut de leur grandeur, un
petit bonjour aux personnes qui les saluent, rare-
ment ils ajoutent un mot aimable. Les riches devraient voir le peuple, s'intéresser à lui et lui témoi-
gner de l'affection ; pour moi, cher et bienveillant
lecteur, je verrais avec grand plaisir le noble visiter
de temps en temps le pauvre, le grand propriétaire
son fermier, l'industriel son ouvrier, le commer-
çant son employé, et le supérieur son inférieur. Ces
visites de charité et de bon voisinage auraient les
meilleurs résultats, surtout si le riche manifestait
sa sympathie pour le pauvre, non seulement par des

paroles, mais par des soins empressés et des secours d'argent, dans les temps de maladie. En général, les ouvriers et les paysans ont du cœur ; la reconnaissance n'est-elle pas un sentiment inné, naturel ? Ils répondraient donc aux services signalés du riche par des sentiments d'estime, de dévouement et de respectueuse affection, qu'ils seraient heureux de manifester et de prouver dans l'occasion.

Je verrais encore avec plaisir que les riches, au lieu de s'isoler et de vivre égoïstement dans le cercle étroit de la famille et de quelques amis, acceptent ces places et ces emplois qui recommandent un homme, le rendent populaire et lui permettent de rendre service, non à un régime, mais à son pays. Ce serait bien comprendre sa religion et bien comprendre ses devoirs de citoyen ; ce serait grand, noble et vraiment patriotique. Quelques-uns de ces messieurs ont ce courage, ce dévouement et cette grandeur d'âme, mais qu'ils sont en petit nombre !

Pourquoi ne pas occuper ses loisirs à provoquer de loin en loin des conférences auprès de son clocher bien-aimé, pour instruire le peuple sur les agissements et les dilapidations du gouvernement, et aussi sur ses grands devoirs comme catholique, électeur et citoyen ?

Tout le monde connaît la pression, les manœuvres, les sacrifices et l'acharnement de nos ennemis, dans ces jours de luttes où sont en jeu les destinées de la France. Tout le monde connaît encore l'ardeur, la passion qu'apportent les journaux mauvais pour égarer l'opinion, calomnier un adversaire et faire passer pour bon un candidat notoirement mauvais. Le peuple serait alors éclairé, il connaîtrait ses vrais amis, la ligne de conduite qu'il doit suivre, et il agirait en conséquence. Ah ! si les riches voulaient bien recevoir et pratiquer ces conseils, s'ils voulaient faire passer le bien général avant certaines considérations de bien particulier, il est certain qu'ils deviendraient avant peu la classe dirigeante et qu'ils seraient bientôt maîtres de la position ; ils s'en serviraient pour favoriser toutes les classes de la société, et pour travailler au bonheur moral et matériel des populations.

Qu'il est triste et qu'il est écœurant, cher lecteur, dans un jour d'élection, de voir passer les riches comme des ombres et traverser les foules comme des étrangers auprès de leurs concitoyens ; ils ont inconsciemment lâché le peuple, et aujourd'hui la franc-maçonnerie l'enveloppe dans ses mailles de fer et ne le lâche pas. Hélas ! souvent un braillard, un avocat de bas étage dirige et conduit les flots populaires vers les urnes, au grand détriment de toutes les bonnes causes. Nos ennemis, du reste, ne manquent pas, dans ces occasions, d'exploiter habilement et à leur avantage cette fierté, souvent apparente, et cet effacement égoïste des riches. N'oublions jamais que pour diriger le peuple il faut avoir sa confiance, et il faut la mériter. Le terrain perdu peut être reconquis facilement, grâce aux fautes immenses de nos ennemis et grâce au malaise général — à notre tour, sachons en profiter, — à l'œuvre donc, et du courage. Allons, Messieurs, faisons un peu moins de tapage et de dépenses folles, et faisons un peu plus d'aumônes et de bonnes œuvres. Si nous faisons de grands sacrifices, nous éprouverons de grandes consolations. La religion, la France, la famille, le vrai patriotisme, notre bonheur du temps et de l'éternité le demandent avec instance.

Tenez : pour enlever votre assentiment et pour déterminer dans l'avenir votre concours efficace, permettez, chers amis, que je prenne la liberté, au nom de la religion et de vos enfants, de vous adresser péniblement une question : Que sont devenues ces grandes, illustres et nobles familles, qui faisaient la gloire et l'ornement de la France sous les croisades, et plus tard sous Louis XIV, Louis XV et Louis XVI ?

Les unes ont disparu glorieusement dans la tourmente révolutionnaire ; les autres, hélas ! s'étiolent et disparaissent tous les jours, semblables aux fleurs renfermées dans une serre, et qui ne reçoivent plus les rayons d'un soleil bienfaisant. Voilà un fait historique qu'il est facile de constater, de loin comme de près, par la France, et qui est tristement éloquent ; quelle est la cause du malheur, je devrais dire du châtiment qui semble poursuivre et châtier ces familles ? A vous, Messieurs, le soin de répondre dans votre for intérieur à cette question grave et bien délicate. Pour moi, je me contenterai de vous dire de tout mon cœur : Revenez sincèrement à Dieu et pratiquez sérieusement votre religion. Le temps destructeur ne pourra jamais changer ou altérer ses principes, ses dogmes, sa morale, ses lois, cette récompense ou ce châtiment qui nous attendent au delà de la tombe. Laissez donc cette religion de parade ou de commande, que vous suivez selon les circonstances et les besoins du moment, et surtout parce qu'elle s'accommode à vos goûts, à vos calculs, à vos plaisirs, et à toutes vos exigences mondaines.

Oui, soyez des chrétiens sérieux, de véritables défenseurs de la religion, de la famille et des bonnes libertés : alors, bien certainement, le châtiment qui semble vous poursuivre, cessera avec la cause qui l'aura provoquée, et nous serons tous plus heureux. Suivons avec empressement ce bon conseil, nous aurons bien mérité de la patrie, et nous serons véritablement les amis de Dieu et de nos semblables.

Après avoir dit franchement aux riches leurs quatre vérités, permettez, cher lecteur, que je dise, toujours avec la même franchise, aux pauvres également, leurs quatre vérités.

C'est là, du reste, la cause de cette grande maladie générale dont j'ai parlé, et qui afflige si tristement notre pauvre France. Les pauvres, j'entends sous ce nom les ouvriers, les paysans, les travailleurs et tous les malheureux ; je vais les désigner par le nom collectif de peuple.

Le peuple, dis-je, devrait être religieux et pratiquant, et plus il est malheureux dans ce monde, plus il a besoin de Dieu et de la religion pour le consoler. Tant pis pour le riche s'il néglige ses devoirs et si, trop souvent, il oublie le chemin du vrai bonheur pour courir après des joies factices, empruntées et bruyantes. Le peuple doit aller son chemin, faire son devoir, et ne pas oublier que le bonheur relatif pour lequel il est né, aussi bien que le riche, se rencontre seulement dans les cœurs et les consciences honnêtes, après une bonne œuvre et un devoir rempli selon Dieu.

En général, l'homme se ressent toujours du milieu dans lequel il a vécu et grandi.

Si donc le pauvre vit et grandit dans un milieu religieux, s'il est accoutumé à entendre de bonnes paroles et à recevoir de bons exemples, il s'en ressentira toujours. Il pourra, peut-être, au moment de la tourmente des passions et des influences de l'atelier, oublier en passant ses grands devoirs; mais il reviendra tout naturellement vers le Dieu de ses pères et de sa première communion. Ainsi l'eau qui s'est creusé un sillon dans le flanc de la montagne, traverse parfois la plaine en faisant un certain bruit, mais sans s'en douter elle va, par une pente naturelle, se jeter dans l'océan pour alimenter de nouveau la même source et les mêmes eaux de la montagne.

Si, au contraire, le pauvre vit et grandi dans un mauvais milieu, il oublie vite son Dieu et sa religion. Insensiblement, il laisse le chemin de l'église et de l'atelier pour prendre celui du café et des réunions démagogiques. Bientôt la paix, l'union et les joies légitimes du foyer disparaissent pour faire place à des disputes de ménage, à des sentiments de haine et de jalousie, enfin à un amour effréné de la liberté et de l'indépendance. Toutes les passions mauvaises fermentent dans son cœur, et, en grandissant tous les jours parce qu'elles sont encouragées par de puissants exemples, elles n'attendent plus qu'une occasion pour éclater et pour se déchaîner.

Tel est aujourd'hui le malheureux état dans lequel se traînent et languissent généralement nos populations pauvres, principalement des grandes villes.

Avant de tomber dans l'impiété et dans les filets des sociétés secrètes, l'ouvrier, encouragé par une épouse chrétienne, pratiquait la religion et éprouvait ses bienfaits salutaires.

La religion! n'est-ce pas en effet la vie, la force, la consolation, l'espérance et le ciel? La religion, n'est-ce pas une bonne mère qui nous attend sur le chemin de la vie pour nous consoler, pour panser nos blessures, et pour nous dire : Mon enfant, courage !

Maintenant que cette religion manque, hélas! c'est le tourment, l'abandon, la souffrance physique et morale, quelquefois c'est le désespoir, le suicide ou la folie.

A cette première et grande faute d'abandonner son Dieu et sa religion, le peuple en ajoute une autre qui en est la triste conséquence : il s'éloigne de toutes les personnes honnêtes et bien pensantes; il fuit instinctivement les braves gens et souffre en leur compagnie. Que voulez-vous? il n'est plus dans son milieu et dans son élément, il ne faut donc pas s'en étonner. Par contre, il cherche la canaille et la fréquente bien volontiers. Qui se semble se rassemble, dit le proverbe.

Il est heureux dans cette société gouailleuse, impie et révolutionnaire. Parler mal de Dieu, de la religion, de l'autorité, des riches et des honnêtes gens est pour lui une jouissance et un bonheur.

Le mal est grand, et cependant il ne s'arrête pas là. L'ouvrier, généralement parlant, car il y a d'honnêtes, de vaillants et religieux ouvriers en France et dans notre département, mais ils sont trop rares, comme les bons riches; l'ouvrier, dis-je, lit avec avidité ces journaux, ces romans, ces feuilletons qui mettent en scène d'illustres ou de saints personnages dans le but de leur faire jouer un de ces rôles odieux qui attirent le ridicule ou le mépris. L'ouvrier est heureux de trouver dans ces journaux qui ne devraient jamais se rencontrer dans ses mains, tantôt des questions de moralité traitées avec licence, et tantôt des scandales vrais et souvent prétendus qui l'amusent beaucoup (c'est toujours une consolation et un encouragement de trouver des gens qui parlent et agissent comme vous). Aussi, dans ces moments où le cœur se dilate et s'épanche, les commentaires malveillants, les plaisanteries, les attaques contre la religion et les gorges chaudes deviennent un feu roulant. C'est à qui pourra le plus cracher de bave sur le pauvre diable, et lui donner des coups de pied qui, heureusement, ne font de mal qu'aux sots qui les donnent.

Voyons maintenant l'ouvrier dans sa vie politique. Que fait-il et comment se conduit-il dans un de ces grands jours d'élections pour un conseiller municipal, pour un conseiller général, pour un député ou pour un sénateur?

Aussitôt qu'il apprend que des affiches viennent d'être fraîchement appendues sur les murs, il se précipite pour aller les lire et, en les lisant avec les camarades qu'il y rencontre, il échange avec eux un regard de satisfaction; leur poitrine oppressée laisse échapper un gros soupir de soulagement. On se dispute les journaux et on emploie une activité dévorante pour faire triompher les candidats recommandés par la Société qui a reçu et donné le mot d'ordre. On ne les connaît pas, mais qu'importe? ce sont les candidats du peuple; ceux qui doivent en tout et toujours s'occuper chaudement de ses intérêts, ceux qui doivent lui permettre de se promener au soleil, le ventre plein et les mains dans les poches; ceux enfin qui doivent ramener l'âge d'or et faire tomber du ciel des cailles rôties.

Pauvres et chers amis, jusques à quand serez-vous dupes de votre bonne foi et de votre simplicité? Jusques à quand aurez-vous des oreilles pour ne pas entendre, une intelligence pour ne point comprendre et des yeux pour ne point voir?

Que sont ces inconnus qui vous sont présentés comme vos amis et qui se posent hautement comme vos défenseurs? Le plus souvent ce sont des ambitieux, des déclassés, des fruits secs, des médecins sans clientèle et des avocats sans cause. Ils veulent arriver *per fas et nefas* au râtelier du gouvernement, comme tant d'autres de la même trempe, et ils veulent aussi tout naturellement en profiter pour mettre un peu de foin dans leurs bottes. C'est dans cet espoir et ce but qu'ils vous flattent, qu'ils vous caressent et qu'ils vous font mille promesses tout en vidant, non pas leur sac de voyage, vidé depuis longtemps, mais leur sac à malices contre les rois, les empereurs et les riches, pour vous en détourner et pour vous tromper. Pourquoi écouter si volontiers leur boniment doré, et mordre à un hameçon si trompeur? Pourquoi encore donner si complaisamment votre échine pour les faire monter? Car, une fois arrivés, que font-ils et que donnent-ils? Absolument rien. Pardon, tout en riant bien gros (par derrière) de leur triomphe et de votre simplicité, ils continuent à donner de belles paroles et à faire de grandes promesses.

De loin en loin, pour entretenir le feu sacré, ils ménagent une place précisément pour celui qui en a le moins besoin, sur cent, sur mille qui attendent impatiemment; mais s'ils sont avares et sourds quand il s'agit de rendre un service ou de récompenser le zèle d'un partisan, ils ne le sont pas quand il s'agit de leurs propres intérêts. Ils savent employer leur temps et ils savent encore mieux remplir agréablement leur panse et leurs poches, tandis que le pauvre peuple se serre le ventre, reste et s'enfonce de plus en plus dans la misère et dans la boue.

Voyons, chers amis, parlons franchement : si vous aviez 500 francs d'économie à prêter et à faire fructifier, les donneriez-vous à un de ces inconnus charlatans qui se rencontrent les samedis sur les places, et qui savent si bien jeter de la poussière aux yeux des spectateurs ahuris pour leur donner, toujours moyennant finances, le fameux spécifique qui doit guérir tous les maux passés, présents et à venir ? Evidemment non, et certes vous auriez bien raison, et mille fois raison, de continuer votre chemin en riant sous cape des badauds qui cherchent dans leur gousset 10 centimes pour se procurer le remède unique.

Et cependant, bien cher ami, cette conduite sage et intelligente que vous tenez habilement quand il est question d'un intérêt minime, pourquoi ne la tenez-vous pas quand il est question des graves intérêts et des grandes destinées de la *France*, de la *religion* et de la *famille ?* Pourquoi alors, dans ces moments solennels, vous arrêter sur la place et confier non seulement votre fortune, mais encore celle des autres, à des comédiens qui savent adroitement vous donner un spécifique qui flatte vos passions et vos espérances matérielles ? Voyons, depuis 16 ans que règne la République et que retentit la *Marseillaise*, sans parler des fameuses inscriptions :

Liberté, Egalité, Fraternité, placées sur le fronton de tous nos grands et petits monuments, êtes-vous plus riches et surtout plus heureux ? Il serait donc bien temps, chers amis, de reconnaître que nous avons fait fausse route, et de mépriser ces leurres, ces utopies et ces panacées qui ne devraient tromper que des badauds. Il serait bien temps de comprendre, comme le père Lajoie, que pour être content ici-bas, il faut la liberté, la religion, la santé et le travail. Un jour, je me promenais dans la ville, et en passant devant la boutique d'un maréchal ferrant, j'entends une chansonnette virilement et gaiement chantée ; je m'arrête, j'écoute et je saisis avec plaisir ces paroles que je cite plus ou moins exactement : Les communistes, les socialistes, tous grands utopistes, vrais ennemis des braves ouvriers, veulent qu'on partage tout héritage ; sont-ils coquins, ces fameux courtiers ! Et vive le Travail ! et vive la Liberté !

Soudain, les lourds marteaux qui tombaient en cadence pour dompter les métaux, s'arrêtent. Je venais d'être aperçu ; je m'empressai de saluer le brave père Lajoie, ses ouvriers, et je continuai mon chemin en disant : Ah ! si tous les maréchaux et les ouvriers en général pensaient comme ceux-là, notre pauvre France ne serait pas dans de si mauvais draps. (Mais pardon, je parle des maréchaux ferrants et non de nos grands et illustres maréchaux de France, dont les sentiments conservateurs sont bien connus.) Allons, bien chers ouvriers, encore une fois, reconnaissons que nous nous sommes trompés et que nous avons été indignement joués. Il est toujours beau et grand de reconnaître son erreur, et quand, dans l'avenir, de nouvelles élections arriveront, mettons crânement à la porte tous ces marchands de sornettes, tous ces pîtres et jacobins, si fiers aujourd'hui et si petits avant leur élection. Choisissons pour nos mandataires de vrais conservateurs et de bons catholiques, jouissant de l'estime et de la considération générale de leurs concitoyens. Ceux-là sauront sauvegarder l'honneur, la fortune et tous les intérêts de la France. Ceux-là seulement sauront travailler efficacement pour le bien-être moral et matériel des classes ouvrières. La confiance existera au dehors comme au dedans. Tout marchera et roulera à la grande satisfaction de tout le monde. Les grands mots de Liberté, Egalité et Fraternité ne seront plus de vains mots. Enfin, nous serons tous plus contents et plus heureux et, ma foi, ce ne sera pas trop tôt.

Comme conclusion pratique, revenons, chers amis, franchement à la religion de nos pères; toutes les considérations, tous les intérêts et notre bonheur le demandent. Pour bien vous faire comprendre et apprécier toute l'importance du conseil que je vous donne, laissez-moi vous rappeler un fait historique bien éloquent. Il fut un temps où le monde était partagé en deux camps : dans l'un se rencontraient le puissant et le riche ; dans l'autre, l'esclave et le pauvre. Ces deux camps étaient séparés par un abîme profond : le puissant regardait l'esclave comme une bête de somme, et le riche regardait le pauvre avec mépris. De son côté, l'esclave soupirait après le moment de briser ses fers pour recouvrer un peu de liberté, et le pauvre jalousait le riche. Dans un camp, c'était la vie avec ses entraînements, ses folies et ses plaisirs sensuels ; dans l'autre, au contraire, c'était la vie avec le travail, la souffrance et les horreurs de la mort en perspective. Dans ces temps de bien triste souvenir, l'orgueil le plus insensé et le sensualisme le plus effréné régnaient sur le monde. Cet orgueil et ce sensualisme donnaient parfois naissance à des vengeances terribles et à des guerres d'extermination que l'on ne peut lire aujourd'hui sans éprouver un frémissement d'horreur. Après de longs siècles de souffrance et d'esclavage, la religion chrétienne apparaît enfin avec son divin fondateur. Sa doctrine, sa morale et ses lois attaquent de front la doctrine et la morale pratiquées jusqu'à ce jour. Néanmoins, elle s'implante et se propage rapidement ; le monde païen, effrayé, se réveille et défend avec acharnement ses vieilles coutumes et ses lois. Mais après une lutte de trois siècles, cette religion qu'il croyait étouffer dans son berceau et dans des torrents de sang, triomphe. C'est la faiblesse qui triomphe de la force et de la puissance. Le paganisme est obligé de compter avec cette religion naissante et de s'incliner malgré lui devant la croix du divin supplicié, devant cet étendard sacré qui nous apporte dans ses plis glorieux la vie et la liberté.

Sous l'action puissante et civilisatrice de cette religion divine, le monde païen se transforme tout doucement, on adore ce qu'on brûlait et on brûle ce qu'on adorait. Les fers, les chaînes qui pesaient lourdement sur les mains des esclaves se brisent ; la femme, qui était méprisée, reprend sa place d'honneur au foyer domestique, à côté de son royal époux ; enfin, le pauvre, qui était insulté, est regardé avec sympathie. Qui a opéré ces merveilles de justice et de charité et fait apprécier la grandeur morale de la femme ? La religion. Qui a fait comprendre au riche que quelque chose de mystérieux se cachait sous les haillons du pauvre et que ce pauvre comme cet esclave étaient les membres de J.-C., par conséquent ses frères ? Encore la religion. Enfin, qui a fait disparaître les antipathies et cet abîme profond qui séparait les deux camps ? Toujours la religion. Insensiblement, le monde païen a quitté le joug honteux de l'idolâtrie pour passer sous le joug glorieux du christianisme. Les doctrines les plus ridicules et les plus affreuses firent place aux doctrines de justice, de charité, d'humilité, de paix, d'obéissance et d'honneur qui constituent l'essence de la religion catholique et qui découlent des rapports qui doivent exister entre Dieu et les hommes. Cette transformation s'est faite, il est vrai, lentement ; mais ni les attaques de l'hérésie, ni les attaques des puissances du monde et de l'enfer n'ont pu arrêter sa marche triomphante à travers les siècles. Pour faire ressortir d'une manière éclatante la puissance et l'influence salutaire de la religion sur le monde, je me contenterai d'ouvrir l'Histoire de France et de citer quelques noms, tout en parcourant à grands traits les principaux événements qui ont fait sa gloire et sa grandeur.

Au vi^e siècle arrive des contrées du Nord Attila, roi des Huns, semblable à un torrent et laissant après lui une traînée de feu, de sang et de cadavres ; qui arrêtera ce farouche vainqueur aux portes de Paris ? Ce sera une jeune fille portant seulement dans sa main l'arme puissante de la croix. Celle qui fut plus tard sainte Geneviève passe le jour et la nuit dans la prière, et aussitôt le barbare, surnommé le fléau de Dieu, subjugué par une force invincible, se retire. A Troyes en Champagne, le même événement se reproduit en face d'un évêque, saint Loup. Dans le même siècle, le catholicisme grandit dans les Gaules avec Clovis, vainqueur à Tolbiac.

Plus loin, nous admirons Charlemagne, sa vie, ses conquêtes et ses victoires. Au xiie siècle, notre admiration continue devant les belles figures de saint Bernard et de saint Louis, roi de France. L'influence immense de l'un et la sainteté de l'autre ont illustré à jamais la grande époque des croisades.

Ensuite se présente la grande et mémorable victoire de Lépante ; puis Louis XIV et son siècle. Enfin, il nous est permis, dans le xviie siècle, de contempler les prodiges de charité opérés successivement par saint François de Sales, par saint Vincent de Paul et par saint François Régis. Tous ces grands noms et événements racontent bien haut la puissance et les bienfaits de la religion catholique. Un jour, un grand roi disait à ses ministres : Pour pacifier et civiliser ce peuple barbare, je compte plus sur la parole des missionnaires que sur l'épée de mes guerriers. Ah ! que les temps sont changés ! Où est le roi qui oserait aujourd'hui tenir un langage si fier et si chrétien ?

Après de longs siècles de grandeur, de prospérité et de puissance, notre belle France, qui tenait le premier rang parmi les nations civilisées, voulut, dans un moment d'aberration et de folie, s'éloigner de son Dieu et renverser son Eglise.

Les riches, les puissants du jour restèrent en trop grand nombre dans l'indifférence et préparèrent comme aujourd'hui, sans bien s'en douter, les voies aux ennemis de Dieu et du roi. Le peuple, de son côté, prêta l'oreille aux excitations malsaines d'une presse antireligieuse, et bientôt riches et pauvres, égarés par les romans de Voltaire et de Rousseau, habilement dirigés contre le trône et l'autel, décrétèrent follement la mort de la religion et du roi. Je ne dirai rien de la grande Révolution. Tout le monde connaît les horreurs, les massacres, les incendies, les pillages et les torrents de sang qui signalèrent cette grande tourmente de 92-93, époque de bien triste souvenir, puisqu'il suffisait d'être honnête homme pour être jeté dans les prisons ou conduit à l'échafaud. En abandonnant son Dieu et sa religion, la France, la plus heureuse et la plus civilisée de toutes les nations, marchait à grands pas vers la ruine et vers l'état sauvage. Dieu, alors, comme nous aimons à l'espérer de nos jours, prit la France en pitié et suscita un grand génie pour la relever de ses ruines physiques et morales. Napoléon Ier comprit que le moyen par excellence de fermer les plaies de la France meurtrie, c'était de lui rendre sa religion persécutée, ses croix renversées, ses églises fermées et ses prêtres traqués.

Ces grands et tristes événements, que je me contente de rappeler en passant, ne devraient-ils pas instruire gouvernants, riches et pauvres? Pourquoi donc, hélas! mépriser toujours les avertissements de la Providence, les conseils de ses ministres et des braves gens? Pourquoi encore vivre toujours dans l'indifférence et dans l'aveuglement? Il n'est pas nécessaire de jeter un long regard sur la scène du monde pour constater avec douleur que tout ce qui s'est fait et dit de mauvais pour préparer la grande Révolution, semble aujourd'hui exactement se reproduire; et comme les mêmes causes produisent fatalement les mêmes effets, bientôt, par suite de la fureur et de l'activité dévorante des méchants pour le mal, et de la lâcheté des bons pour le bien, les mêmes dangers et des malheurs peut-être encore plus épouvantables se dresseront devant nous. Une fois en présence de ces dangers que nous regardions comme imaginaires, nous voudrons parler et agir vigoureusement; mais ce sera trop tard : le règne de Dieu aura fait place forcément au règne de Satan.

De nouveau et comme nos pères, nous pourrons contempler avec effroi la guillotine se promenant par la France. N'est-ce pas ce que préparent plus ou moins directement notre indifférence générale, nos lâchetés, nos palinodies, nos abstentions et ces laïcisations d'écoles qui deviennent plus nombreuses au fur et à mesure que nous approchons du terme fatal de la loi inique ? N'est-il pas vrai qu'ordinairement, la liberté du mal conduit à la licence, la licence au désordre et le désordre à la révolution ?

Ouvrons donc les yeux, sortons de cette léthargie qui prépare notre mort, et efforçons-nous de réagir avec toute la puissance d'une âme forte et d'une volonté énergique se réveillant en face d'un grave danger. Que tous les bons catholiques, que les hommes vraiment conservateurs se donnent la main et, dans cette étreinte fraternelle, se réunissent sous le drapeau du bien, de l'honneur et de la liberté.

L'union a toujours fait la force. Allons, braves ouvriers, mes chers amis, soyez avant tout honnêtes, laborieux et bons chrétiens. Le reste ira tout seul. Il vous sera facile de regarder comme indignes de vous ces sentiments de jalousie et de convoitise ardente que vous surprenez parfois dans votre cœur. Il vous sera facile de vous approcher du riche et de le considérer non seulement comme un supérieur que la Providence vous a donné, mais encore comme un ami que la même Providence vous a ménagé pour vous tendre la main sur le chemin de la vie, et surtout pour adoucir les amertumes du sort.

Hâtez-vous donc de jeter au nez de vos faux amis cette veste que vous avez trop longtemps portée. Hâtez-vous de briser la chaîne qui vous rive, corps et âme, au génie du mal, et arborez courageusement le drapeau de l'indépendance et de la liberté.

Et vous aussi, riches, mes bons amis, encore une fois, aimez véritablement Dieu et votre religion; laissez cette vie molle, oisive et indigne de vous; enfin soyez édifiants, charitables pour vos frères et toujours militants pour le bien.

En remplissant cette mission noble et patriotique pour le bonheur de la famille et de la société, vous serez plus heureux que de courir follement après les soirées, les danses et les plaisirs. Ces bons rapports entre riches et pauvres, cimentés et ennoblis par la religion, nous rappelleront que nous ne devons former qu'une grande et seule famille; qu'en conséquence nous devons, tout en travaillant pour notre bien particulier, travailler surtout pour le bien public. A l'œuvre donc, riches et pauvres! Maintenant que nous sommes des amis et des frères, aimons Dieu et remplissons vaillamment tous nos devoirs. Arrière le respect humain, les compromis et toutes ces considérations petites indignes d'un chrétien; et portons avec fierté le drapeau de la religion et de la liberté. Que notre devise soit toujours : Dieu et Patrie. Mais, une dernière fois, à l'œuvre! Travaillons aujourd'hui, préparons le terrain pour les élections municipales, sénatoriales et législatives, afin que notre victoire soit éclatante. Demain, peut-être, il sera trop tard. Je vous en conjure au nom du ciel et de tous vos intérêts. N'attendez pas, pour secouer votre lâcheté, que la dernière croix soit brisée, que le dernier rempart de la famille soit renversé et que notre pauvre France tombe pantelante entre les bras de la révolution ou sous les pieds d'un insolent vainqueur.

Allons, aide-toi, le ciel t'aidera.

> Celui qui met un frein à la fureur des flots,
> Sait aussi des méchants arrêter les complots.

Pas de défaillance, prions plus que jamais, et bientôt ces ennemis que nous avons vus trop long-temps fiers et arrogants, ne seront plus. — *Transii et ecce non erant.*